全新版

華語

第十一冊

習作A本

全新版華語習作A本　第十一冊

第四單元　傳統節日

一 杯弓蛇影

訂正							
生字	恰	疑	蛇	喝	牆	杯	影
部首	心	疋	虫	口	爿	木	彡
筆畫	9	14	11	12	17	8	15
生字練習	恰	疑	蛇	喝	牆	杯	影

一 選一選：把對的字圈出來

1. 他請朋友到家裡來〔渴、喝〕酒。
2. 牆上掛著一把弓，弓的影子〔恰、洽〕好照在酒杯裡。
3. 主人一〔在、再〕打聽，才知道朋友生病的原因。

二 選一選：把對的號碼選出來

（　）1. 讀完這篇文章我們可以知道主人是個　①小氣　②粗心　③細心　的人。

（　）2. 「杯弓蛇影」這則故事告訴我們，解決問題一定要先找出問題的　①結果　②地點　③原因。

三 想一想

1. 朋友喝完酒，回家以後發生什麼事？

2. 原來是牆上弓的影子讓朋友以為是什麼？

四 填一填：把下面的詞填進句子裡

◆一把 ◆一個 ◆一條

從前有（　　）人請朋友到家裡喝酒。朋友錯把牆架上掛著的（　　）弓看成是酒杯裡的（　　）蛇，結果回去以後就生病了。

二　畫蛇添足

訂正							
生字	添	足	壺	腳	繼	續	搶
部首 / 筆畫	水 11	足 7	士 12	肉 13	糸 20	糸 21	手 13
生字練習	添	足	壺	腳	繼	續	搶

一 選一選：把對的字圈出來

1. 許多人在一起比〔塞、賽〕畫蛇。
2. 一個畫好蛇的人就把酒〔槍、搶〕過去。
3. 我來加畫蛇的〔角、腳〕。

二 選一選：把對的號碼選出來

（　）1. 誰可以得到一壺酒？ ①最後畫好的人 ②畫了蛇腳的人 ③畫得又快又正確的人。

（　）2.「畫蛇添足」和下面哪一句成語意思一樣 ①自相矛盾 ②一字千金 ③多此一舉。

三　改錯

1. （　）「畫蛇添族」指：增加不必要的東西反而有害。
2. （　）畫蛇比賽的獎品是一湖酒。

四　造句

1. 一邊……一邊……

例句：一邊喝酒，一邊畫蛇。

一邊（　　　　），一邊（　　　　）。

2. 慢慢地

例句：慢慢地喝酒，慢慢地畫蛇。

慢慢地（　　　　），慢慢地（　　　　）。

三　望梅止渴

訂正							
生字	梅	將	軍	領	士	解	刻
部首／筆畫	木 11	寸 11	車 9	頁 14	士 3	角 13	刀 8

生字練習

梅　將　軍　領　士　解　刻

一　選一選：把對的字圈出來

1. 將軍帶〔領、嶺〕軍隊出發。
2. 士兵到前方去打〔杖、丈、仗〕。
3. 大家把水〔喝、渴〕完了，但還是非常的口〔喝、渴〕！

二　想一想

1. 士兵們聽說前面有（　　　　）樹，嘴裡立刻生出口水，也有了精神。
2. （　　　）酸中帶甜，可以止渴。

三 填一填：填入適當的字

例：安「ㄨㄟˋ」（慰）自己。

1. 心裡「ㄓㄠ」（　）急。

2. 甜中帶「ㄙㄨㄢ」（　）。

四 選一選：把對的號碼選出來

（　）1. 士兵愈走愈慢的原因是　①吃太多東西　②喝太多酒　③又累又渴。

（　）2. 將軍提振士兵精神的方法是說　①前方有梅子樹　②前方有敵人　③前方有水。

五　造句

1. 愈來愈……

例句：走路[愈來愈]慢。

（　　　　）

（　　　　）

2. 又……又……

例句：[又]渴[又]累。

又（　　　　）又（　　　　）

又（　　　　）又（　　　　）

四　三國演義

訂正							
生字	演	裂	臣	諸	葛	慧	戰
部首／筆畫	水／14	衣／12	臣／6	言／15	艸／13	心／15	戈／16
生字練習							

一　選一選：把對的字圈出來

1. 在第三世紀，中國曾經分〔裂、列〕成三個國家。
2. 三個國家的國王和大臣都很能〔乾、幹〕。
3. 諸葛亮三個字在華語裡，幾乎是智〔惠、慧〕的代名詞。

二　選一選：把對的號碼選出來

（　）1. 諸葛亮是一位　①國王　②宰相　③士兵。
（　）2. 三國演義這本書的主要內容是講述什麼？　①戰爭　②愛情　③親情。

三 改錯

1.（　　）諸葛亮是曆史上的真實人物。

2.（　　）諸葛亮的故事一直在留傳。

3.（　　）諸葛亮三個字是智慧的象征。

四 想一想

1. 三國演義是一本怎樣的書？

2. 諸葛亮在哪方面和戰爭上的表現都很優秀？

五　草船借箭

生字練習

訂正							
生字	敵	划	箭	朝	數	霧	紛
部首	攴	刀	竹	肉	攴	雨	糸
筆畫	15	6	15	12	15	19	10
	敵	划	箭	朝	數	霧	紛

一　選一選：把對的字圈出來

1. 諸葛亮下令把船向敵人（滑、划）過去。
2. 「草船借（劍、箭）」是三國演義中的一則故事。
3. 數一數箭，竟（越、超、起）過了十萬支！
4. 諸葛亮必（需、須）十天之內造好十萬支箭。

二　想一想

1. 諸葛亮要在十天之內造好多少支箭？（　　）支。
2. 敵軍看不清楚船上的人是真是假的原因是什麼？

三 選一選：把對的號碼選出來

（　　）1. 用力打鼓表示軍隊要　①撤退　②前進　③休息。

（　　）2.「草船借箭」講的是誰的故事　①包公　②孫悟空　③諸葛亮。

四 重組

A 知道會有大霧

B 就在二十隻大船上

C 他看看天空

D 放滿了草人

（　　↓　　↓　　↓　　）

六　空城計

訂正							
生字	派	守	掃	彈	琴	衛	退
部首	水	宀	手	弓	玉	行	辵
筆畫	8	6	11	15	12	16	10

生字練習

一　選一選：把對的字圈出來

1. 諸葛亮坐在城門上（彈、談）琴。
2. 怎麼會一點防（慰、衛）都沒有呢？
3. 諸葛亮派軍隊（仰、迎）戰。

二　想一想

1. 「空城計」這個故事在哪一本書出現？

2. 兩個士兵把城門打開後，在城門口做什麼？

三 改錯

（ ）（ ）1. 城裡的人都很精慌，因為有敵軍攻過來了。

（ ）（ ）2. 敵軍獎領下令退兵。

（ ）（ ）3. 城裡恐怕有扶兵吧？

四 選一選：把對的號碼選出來

（ ）1. 諸葛亮這個人 ①很會用兵 ②做事很不小心 ③不會彈琴。

（ ）2. 敵軍以為諸葛亮的城裡一定有 ①伏兵 ②老虎 ③毒蛇。

七　太平洋鐵路

生字	設	段	猶	初	增	炸	崩
部首	言	殳	犬	衣	土	火	山
筆畫	11	9	12	7	15	9	11

訂正

生字練習

一 填一填：填入適當的字

1. 美國是一個由「ㄧˊ」（　　）民組成的國家。
2. 太平洋鐵路的西「ㄉㄨㄢˋ」（　　）是華工建造的。
3. 雪「ㄅㄥ」（　　）把工人「ㄔㄨㄥ」（　　）落山谷。

二 重組句子

A 把造鐵路的華工衝落山谷
B 冬天，山上的雪很厚
C 前後死了很多人
D 有時候發生雪崩

（　　↓　　↓　　↓　　）

三　選一選：把對的字圈出來

1. 各國的移民都對建〔設、射〕美國出了力。
2. 〔作、炸〕山時常常發生意外。
3. 發生雪〔崩、朋〕時會死傷很多人。
4. 從加州到〔酋、猶〕他州之間的鐵路，是由華工建造的。
5. 美國是一個由移民〔祖、組〕成的國家，移民對建設美國都出了力。

八　華僑航空救國會

訂正

生字	航	救	侵	抵	抗	參	鈿
部首	舟	攵	人	手	手	厶	金
筆畫	10	11	9	8	7	11	13

生字練習

一　改錯

（　）1. 三〇年代日本發動親略戰爭。

（　）2. 軍隊奮勇低抗敵人入侵。

（　）3. 美國的華僑成立「華僑航空就國會」。

（　）4. 陳瑞鈿是空戰英雄。

二　連連看

中國戰鷹 •　　　　• 買飛機送給祖國

三〇年代 •　　　　• 陳瑞鈿

華僑航空救國會 •　　　　• 日本發動侵略戰爭

三 選一選：把對的號碼選出來

（　）1.「華僑航空救國會」①在美國的華僑捐錢成立的 ②日本人捐錢成立的 ③美國人捐錢成立的。

（　）2. 陳瑞鈿的父親是從哪個地方來的移民？①福建 ②臺灣 ③廣東。

（　）3.「中國戰鷹」指的是 ①黃寬焯 ②陳瑞鈿 ③廖振光。

（　）4. 陳瑞鈿的戰績，現在保留在美國的 ①陸軍歷史博物館 ②空軍歷史博物館 ③海軍歷史博物館。

九　華僑紀功碑

訂正							
生字	碑	班	統	洲	喪	互	獨
部首 / 筆畫	石 / 13	玉 / 10	糸 / 11	水 / 9	口 / 12	二 / 4	犬 / 16
生字練習	碑	班	統	洲	喪	互	獨

一 選一選：把對的字圈出來

1. 在戰亂期間，華僑們總是（互、護）相幫忙。
2. 西（搬、班）牙曾經統治過中南美洲。
3. 在古巴有一座華僑紀功（杯、碑）。
4. 古巴建碑（紀、記）念華僑幫助古巴人反抗西班牙的統治。

二 改錯

（　）1. 十九世紀時，中南美洲各國紛紛要求獨力。
（　）2. 許多人在戰亂中傷失了生命。
（　）3. 人與人之間本來就應該互鄉幫忙。

三　填一填：填入適當的字

1. 「ㄙㄨㄣˇ」（　　）失財產。
2. 華僑紀功「ㄅㄟ」（　　）。

四　重組句子

A 統治中南美洲

B 紛紛發動戰爭，要求獨立

C 中南美洲各國反對西班牙的統治

D 到了十九世紀

E 西班牙從十六世紀開始

（　　→　　→　　→　　→　　）

十　清明節的意義

生字	部首	筆畫
節	竹	13
祭	示	11
墓	土	14
墳	土	15
鞠	革	17
躬	身	10
磕	石	15

訂正

生字練習

一　選一選：把對的字圈出來

1.春節的假〔其、期〕有五天。
2.清明節是華人〔祭、蔡〕祖的日子。
3.到祖先墳前要鞠〔射、躬〕表現尊敬。

二　選一選：把對的號碼選出來

（　）1.新年開始在哪一個季節？　①冬天　②秋天　③春天。
（　）2.華人祭祖的日子是　①中秋節　②端午節　③清明節。

三 填一填：填入適當的字

1.「ㄐㄧˋ祖」（　　）：表示對祖先的思念。

2.「ㄋㄨㄥˊ曆」（　　）：華人的傳統曆法。

四 造句

1.因為……，所以……

例句：因為祭前要先打掃墓地，所以清明節又叫「民族掃墓節」。

（　　　　　　　　　　）

（　　　　　　　　　　）

五 想一想

1. 新年又叫（　　　　　　）節。
2. 民族掃墓節就是（　　　　　　）節。
3. 華人在國曆（　）月（　）日去掃墓。
4. 華人有四個重要的傳統節日，一是（　　　　　　），二是清明節，三是（　　　　　　），四是中秋節。
5. 祭祖時會將墓地打掃清潔，把（　　　　　　）和（　　　　　　）放在墳前。

十一 端午節和賽龍舟

訂正							
生字	午	源	屈	糯	粽	蒸	舟
部首	十	水	尸	米	米	艸	舟
筆畫	3	13	8	20	14	14	6

生字練習

一 改錯

（　　）1. 農曆的五月五日是端千節。

（　　）2. 端午節的起原是為了紀念屈原。

（　　）3. 端午節舉行的活動是塞龍舟。

二 想一想

1. 農曆（　　　　）月（　　　　）日是端午節。

2. 端午節是為了紀念詩人（　　　　）。

3. 在端午節吃的食物是（　　　　）。

4. 在端午節舉行的活動是（　　　　）。

三 選一選：把對的號碼選出來

（　）1. 屈原是一位 ①醫生 ②詩人 ③將軍。

（　）2. 在龍舟上的人是聽 ①鼓聲 ②琴聲 ③喊叫聲向前划的。

（　）3. 下列哪一項不是粽子的處理方法？ ①蒸 ②炒 ③煮。

四 連連看

屈原・	・端午節的活動
農曆五月五日・	・糯米做的
划龍舟・	・詩人
粽子・	・端午節

十二　中秋節

生字	季	村	餅	象	徵	俗	夏
部首／筆畫	子／8	木／7	食／14	豕／12	彳／15	人／9	夊／10
訂正							

生字練習

一　選一選：把對的字圈出來

1. 一年有四〔李、季〕。
2. 圓形的月餅〔相、象〕徵中秋節的圓月。

二　選一選：把對的號碼選出來

（　）1. 傳統的月餅是　①方形　②三角形　③圓形的。
（　）2. 在農村，全家共享豐收的節日是　①中秋節　②端午節　③清明節。
（　）3. 中秋節是幾月幾日？　①農曆七月十五日　②國曆八月十五日　③農曆八月十五日。

三 想一想

1.農曆的四至六月是（　　）季。

2.在中秋節吃的餅叫（　　）。

3.中秋節是中分（　　）的一日。

四 填一填：把下面節日填進空格中

◆端午節　◆中秋節　◆春節　◆清明節

華人有四個傳統的節日。按照時間來分，第一個是農曆新年，又叫做（　　）；第二個節日在國曆四月五日叫做（　　）；第三個節日是在農曆五月五日叫做（　　）；最後一個在農曆八月十五日叫做（　　）。

Memo

Memo

Memo

Memo

Memo

【全新版】華語習作A本第十一冊

總 主 編：金榮華
編撰委員：金榮華、李元哲、邱燮友
皮述民、李宗懂、陳德昭
總 編 輯：張瀞文
責任編輯：胡琬瑜
封面設計：陳美霞
發 行 人：曾高燦
出版發行：流傳文化事業股份有限公司
地　　址：臺北縣(231)新店市復興路43號4樓
電　　話：(02)8667-6565
傳　　眞：(02)2218-5172
郵撥帳號：19423296
http://www.ccbc.com.tw
E-mail：service@ccbc.com.tw
香港分公司◎集成圖書有限公司－香港皇后大道中283號聯威商業中心8字樓C室
TEL：(852)23886172-3．FAX：(852)23886174
美國辦事處◎中華書局－135-29 Roosevelt Ave. Flushing, NY 11354 U.S.A.
TEL：(718)3533580．FAX：(718)3533489
日本總經銷◎光儒堂－東京都千代田區神田神保町一丁目五六番地
TEL：(03)32914344．FAX：(03)32914345

出版日期：西元2005年3月臺初版(50052)
西元2006年3月臺初版四刷
印　　刷：世新大學出版中心

分類號碼：802.85.043
ISBN 986-7397-24-X

定價：60元